MALALA YOUSAFZAI

100 MINUTOS
para entender
MALALA YOUSAFZAI

astral cultural

Copyright © 2025 Astral Cultural
Todos os direitos reservados à Astral Cultural e protegidos
pela Lei 9.610, de 19.2.1998. É proibida a reprodução total ou parcial
sem a expressa anuência da editora.

Editora Natália Ortega
Editora de arte Tâmizi Ribeiro
Coordenação editorial Brendha Rodrigues
Preparação de texto Maria Teresa Cruz e Esther Ferreira
Produção editorial Manu Lima e Thaís Taldivo
Ilustração capa Bruna Andrade
Revisão crítica Dara Medeiros
Capa Agência MOV

Dados Internacionais de Catalogação na Publicação (CIP)
Angélica Ilacqua CRB-8/7057

C386

100 minutos para entender Malala Yousafzai /
Astral Cultural. — São Paulo, SP : Astral Cultural, 2025.
112 p. (Coleção Saberes)

ISBN 978-65-5566-598-7

1. Yousafzai, Malala, 1997 - Biografia I. Astral Cultural
II. Série

24-5649 CDD 920.72

Índices para catálogo sistemático:
1. Yousafzai, Malala, 1997 - Biografia

BAURU	SÃO PAULO
Rua Joaquim Anacleto Bueno 1-42	Rua Augusta, 101 Sala 1812, 18° andar
Jardim Contorno	Consolação
CEP: 17047-281	CEP: 01305-000
Telefone: (14) 3879-3877	Telefone: (11) 3048-2900

E-mail: contato@astralcultural.com.br

SUMÁRIO

Apresentação 7

Biografia 15

Contexto histórico 65

Legado 93

APRESENTAÇÃO

"Se um homem pode destruir tudo,
por que uma menina não
poderia mudar tudo?"

Malala Yousafzai

Quando nos deparamos com uma biografia de uma figura histórica importante, especialmente aquelas relacionadas a temas complexos como geopolítica, é comum que contemplemos uma grande extensão de tempo em suas páginas. Os anos da juventude e formação, as batalhas e as pautas da maturidade, cargos adquiridos ao longo da vida e decisões tomadas que fazem com que esta ou aquela pessoa seja relevante para entender dado momento da história. As biografias também tendem a ser escritas a respeito daqueles que já concluíram suas contribuições para o mundo ou que já faleceram. Não se costuma escrever sobre pessoas incrivelmente jovens, a menos que elas sejam celebridades.

A militante paquistanesa Malala Yousafzai, entretanto, é uma evidente exceção à regra. Para começar, mesmo passado algum tempo que alcançou reconhecimento internacional, ela ainda é uma pessoa bastante jovem. Com apenas 27 anos, já foi laureada com um Nobel da Paz, possui diploma em Filosofia e Economia pela Universidade de Oxford, além de um grande número de prêmios e honrarias. Ou seja, é possível presumir que suas contribuições mais profundas para o mundo mal tenham começado.

O exercício de prever quais serão seus mais importantes cargos ou vitórias é desafiador. Talvez suas obras que ficarão para posteridade, sequer tenham sido escritas. Mesmo assim, Malala já eternizou seu nome no panteão de mulheres notáveis da história.

A vida de Malala é densa e enigmática o suficiente para ser contada infinitas vezes — e isso ocorre por três fatores principais: sua personalidade forte e corajosa; o atravessamento que a política internacional ligada ao Oriente Médio teve em sua vida e sua militância pelo acesso à educação, especialmente de meninas.

Sua primeira obra autobiográfica, *Eu sou Malala*, foi um best-seller inquestionável, assim como as muitas abordagens de sua história de vida que vão de livros infantis a produções cinematográficas. Seu blog, "Diário de uma estudante paquistanesa", escrito para a BBC Urdu durante os primeiros anos de governo Talibã no Paquistão sob o pseudônimo Gul Makai, foi um verdadeiro sucesso.

Malala é rebelde e engajada, além de ser uma oradora e escritora de qualidade. Os acontecimentos de sua vida são únicos e impressionantes e nada difíceis de se traduzir para um arco inspirador sobre superação de adversidades, uma vez que ela, de fato, as viveu.

O Paquistão e o Talibã, temas centrais e necessários para entender a sua jornada, são também de profundo interesse político internacional. Existem contornos ideológicos em jogo quando, e como, contamos sua história. Por exemplo, quando Malala surge falando sobre pautas como educação e direitos da mulher, em especial em antagonismo ao regime do Talibã, recebe todo o foco da mídia ocidental, mas esta elimina outros contornos de sua participação política como militante socialista.

Por fim, seu notável comprometimento com a pauta da Educação a colocou em um lugar único, que a possibilita costurar suas experiências e expertises pessoais com o tecido geopolítico que a envolveu e a trouxe para o centro dos holofotes do mundo. Malala aprendeu, portanto, os movimentos que lhe dão poder de ação e como se manter politicamente ativa.

No breve intervalo da sua existência até o atual momento, educação, extremismo religioso, ativismo político, política internacional e todas as sutilezas da era da comunicação se conectam, resultando em uma história fenomenal e complexa, que merece ser contada para as gerações que virão.

Seria Malala uma inspiração para todos aqueles que desejam estudar e são privados por questões econômicas, políticas ou religiosas? Uma importante militante feminista? Um ícone que demonstra que todos podem melhorar o mundo? Uma sobrevivente que conquistou o mundo com sua coragem? Uma representante do poder dos meios de comunicação digitais? Ou simplesmente uma mulher que, ainda quando criança, encarnou todas as contradições das lutas que ocorriam em um país vítima de anos de conflitos ideológicos e sociais?

As relações entre todos esses elementos e narrativas acabam por se tornar cruciais na construção de um retrato honesto sobre Malala Yousafzai. É preciso entender a formação política e religiosa do Paquistão, assim como o processo de tomada do poder pelo Talibã. É, também, necessário compreender quais as forças e os interesses internacionais que permearam sua história desde seu nascimento até a vida adulta. Por fim, é fundamental entender como os mais recentes meios de comunicação e a indústria cultural a transformaram rapidamente em uma figura de tanto alcance, que se sagrou como a mais jovem ganhadora do Prêmio Nobel da Paz.

"

1

BIOGRAFIA

"Falo não por mim,
mas por aqueles sem voz...
aqueles que lutaram
por seus direitos...
seu direito de viver em paz,
seu direito de ser tratado
com dignidade, seu direito
à igualdade de oportunidade,
o seu direito de ser educado."

Malala Yousafzai.

Malala Yousafzai nasceu em 12 de julho de 1997, na cidade de Mingora, localizada em um vale à beira do rio Swat. Na cultura pashtun, o nascimento de uma menina não era motivo de alegria, mas, sim, de decepção. Em vez de ser parabenizada, sua mãe, Toor Pekai, recebeu condolências de seus parentes. Mas as pessoas mais importantes na vida de Malala a receberam com raro júbilo para uma garota paquistanesa: seu pai, Ziauddin Yousafzai, chegou a insistir para que seus amigos jogassem frutas secas e moedas em seu berço, honra geralmente reservada aos meninos.

Ao receber de um de seus primos uma bela árvore genealógica de seu clã, mostrando apenas a linha patriarcal, Ziauddin desenhou uma nova linha, adicionando sua filha no documento. Ele a nomeou Malala, em homenagem a uma importante figura histórica do Afeganistão: Malalai de Mawadi. O nome desagradou o pai de Ziauddin, já que "Malala" significa "enlutada".

Como a maior parte dos paquistaneses, a família de Malala era muçulmana, religião que ela também pratica. Seu avô, Rohul Amin Yousafzai, era professor de teologia e imame, título que designa o sacerdote encarregado de dirigir as preces na mesquita.

Durante a infância, enquanto Ziauddin ia para a escola, suas irmãs ficavam em casa, responsáveis pelos afazeres domésticos como cozinhar e fazer faxina. Pelas manhãs, enquanto ele recebia uma tigela de creme acompanhada de chá, suas irmãs recebiam apenas o chá. Quando havia ovos, postos pelas galinhas da família, apenas os meninos podiam comê-los. Quando essas galinhas eram abatidas, as mulheres recebiam as asas e o pescoço, enquanto os homens comiam os melhores cortes.

Esses hábitos, muito comuns na sociedade ao seu redor, foram questionados por Ziauddin, que diz ter percebido desde cedo as diferenças no tratamento reservado aos homens e às mulheres. Decidiu, então, não reproduzir esses comportamentos e que iria, sobretudo, combatê-los.

Ziauddin tinha dez anos de idade quando o primeiro-ministro Zulfikar Ali Bhutto foi deposto por um golpe de Estado. Durante sua adolescência, ele viu a política de islamização promovida pelo novo ditador, Muhammad Zia-ul-Haq, retirar cada vez mais direitos da população feminina, o que despertou ainda mais na mente de Ziauddin a necessidade de lutar.

Durante a universidade, onde estudou para se tornar professor, Ziauddin se aproximou da política. Com a morte de Zia-ul-Haq, os partidos políticos que ele tornara ilegais puderam se reorganizar, reavivando o movimento estudantil. Ziauddin passou a integrar o Partido Nacional Awami, um partido de esquerda secular, tornando-se secretário-geral da Federação dos Estudantes Pashtun. Após se graduar, Ziauddin se tornou professor no sistema público.

A mãe de Malala, Toor Pekai Yousafzai, veio de uma família menos tradicional. Ela começou a frequentar a escola aos seis anos de idade, incentivada por seu pai e irmãos. Mas sua experiência educacional foi breve.

Todos os dias, quando saía de casa, ela deixava para trás suas primas, que brincavam entre si. Além disso, ela não via sentido em ir para a escola para, na vida adulta, ficar em casa cozinhando, limpando e cuidando dos futuros filhos. Assim, Toor vendeu seus livros escolares e usou o dinheiro para comprar doces.

Esta pode parecer a decisão impulsiva de uma criança, mas não era uma escolha sem lógica: de que adiantaria ter uma educação, se não haveria oportunidades profissionais para mulheres?

Um começo difícil

A família de Malala era bastante pobre. Pouco tempo antes do nascimento dela, seu pai viu que não conseguiria dar às crianças a educação que desejava, dentro dos parâmetros estabelecidos pelo sistema público paquistanês.

Assim, ele e um amigo dos tempos de escola, Mohammad Naeem Khan, gastaram todas as suas economias para abrir sua primeira escola, que aceitaria meninos e meninas. Como os dois possuíam diplomas no estudo da língua inglesa, eles decidiram abrir uma escola em inglês na cidade de Mingora.

Eles alugaram o térreo de um prédio de dois andares e pediram um empréstimo para poder pintar o espaço. Nos primeiros meses da vida de Malala, os Yousafzai moravam em uma casa de dois quartos em frente à escola. Eles dormiam todos juntos em um único quarto, sendo o outro reservado para visitas. Não havia banheiro ou cozinha; a mãe de Malala cozinhava em um fogo de chão e lavava as roupas em uma torneira da escola.

Antes mesmo de a escola abrir, o sócio de Ziauddin deu para trás. Desesperado para abrir a escola, Ziauddin não titubeou e se comprometeu a comprar a parte de Naeem.

No entanto, pela falta de dinheiro, recorreu a um amigo da universidade, Hiadyatullah, que concordou em se tornar o novo sócio. Mas a perda do primeiro sócio não foi o único revés pelo qual passaria: para a infelicidade deles, a procura por uma escola em língua inglesa era menor do que eles previam e a escola começou a dar prejuízo.

Toor apoiou o marido incondicionalmente, jamais reclamando dos sacrifícios que tiveram de fazer para que a escola pudesse funcionar; chegou até mesmo a vender suas joias de casamento para garantir que o marido pudesse continuar seguindo seu sonho. Este foi um período difícil para ele, que além de lecionar na escola, também atuava como diretor, contador e zelador.

A infância

A sorte da família começou a mudar com o nascimento de Malala. Poucos meses depois de sua vinda ao mundo, o andar acima da escola vagou e a família pôde se mudar para um apartamento com paredes de concreto e água encanada, ainda que tivessem de dividi-lo com Hiadyatullah. Mas, melhor ainda, a escola passou a dar menos prejuízo, até finalmente dar algum lucro. Em pouco tempo, o pai de Malala estaria planejando abrir uma segunda unidade de ensino, que pretendia chamar de Academia Educacional Malala.

Foi na escola do pai que ela passou sua primeira infância. Foi ali onde aprendeu a andar e passou a perambular pelo espaço, vez ou outra, aparecendo dentro das salas de aula. Com três ou quatro anos de idade, passou a frequentar as aulas de crianças mais velhas, o que talvez tenha criado nela a vocação para os estudos. Aos sete anos, já era a aluna com maior destaque de sua turma.

Malala sempre teve mais liberdade que outras garotas pashtun. Além de receber educação formal, seu pai nunca a obrigou a cobrir seu rosto ou a se casar com alguém que não fosse da escolha dela.

Ela lia romances estrangeiros, como Anna Karenina e as obras de Jane Austen. E, mais importante ainda, Ziauddin permitia que ela questionasse livremente os costumes de sua cultura, ainda que fizesse questão de lembrá-la que, no Afeganistão, país que fazia fronteira com a região, as mulheres sofriam injustiças ainda piores nas mãos do Talibã, regime que havia nascido apenas um ano antes de Malala.

O primeiro contato direto de Malala com o fundamentalismo religioso se deu quando ela ainda era criança. As escolas de seu pai agora prosperavam, o que chamou a atenção de um dos vizinhos. Seu nome era Ghumallah, e ele era um mufti, um acadêmico reconhecido como autoridade na sharia, a lei islâmica, e fazia parte da Sociedade dos Pregadores, um movimento muçulmano internacional de orientação sunita, denominação que representa o maior número dos muçulmanos.

Ele foi até a dona do prédio que a escola alugava, acusando a instituição de estar cometendo pecado. Sua interferência, talvez, estivesse escondendo o interesse próprio: ele queria que ela revogasse o aluguel da escola e passasse a alugar para ele, que faria uma madrasa — nome dado à instituição educacional tradicional no mundo muçulmano, que pode variar de uma escola primária a uma universidade, e que tem como missão, na sua origem, ser um local de ensino religioso. Além disso, sua sobrinha frequentava a escola, e Ghumallah, que morava com o irmão, frequentemente entrava em conflito dentro de sua família devido a sua visão acerca do Islã.

Quando a proprietária do prédio da escola recusou sua proposta, Ghumallah montou uma delegação com outros moradores influentes do bairro para confrontar Ziauddin diretamente. Para Ziauddin, Ghumallah disse representar "o clero, a Sociedade dos Pregadores e o Talibã", tentando se cobrir da autoridade de múltiplas organizações muçulmanas: "Eu represento os bons muçulmanos e a sua escola é um pecado e uma blasfêmia."

Ghumallah tentou invocar o alcorão para fundamentar seus pontos, mas Ziauddin era tão conhecedor das escrituras quanto ele. O bate-boca acabou caindo em um ponto específico: as garotas e os garotos entravam na escola pelo mesmo corredor, o que levou Ziauddin a encontrar um meio-termo. Havia um portão secundário e os estudantes passariam a entrar na escola por acessos diferentes. A mediação não foi aceita por Ghumallah, mas agradou os outros membros de sua delegação. Ghumallah falhou em fechar a escola, mas continuaria importunando seus funcionários após o ocorrido.

O primeiro contato com o Talibã

Malala tinha dez anos quando teve contato direto com o Talibã pela primeira vez. A impressão era de que eles haviam surgido do dia para a noite, em grupos armados com facas e rifles Kalashnikov, sob o domínio de seu líder, mulá Fazlullah, genro de Sufi Mohammad, fundador do Movimento Pelo Cumprimento da Lei Islâmica.

Este grupo extremista que, conforme o nome, lutava pela implementação da lei islâmica sobre o Paquistão, cruzou a fronteira para o Afeganistão em 2001 para ajudar o Talibã na luta contra a invasão por forças estadunidenses. Com a prisão de Sufi Mohammad, Fazlullah passou a liderar o grupo.

De volta ao Paquistão, Fazlullah iniciara uma rádio ilegal, a Mullah Radio (do árabe, *mullah* é um termo usado para designar um homem educado na teologia islâmica e na lei sagrada). O rádio era a principal forma de se obter informações no vale, já que grande parte da população não tinha acesso à televisão ou era analfabeta. Por isso, as transmissões diárias de Fazlullah logo passaram a se popularizar.

Ele rapidamente ficou conhecido como "o *mullah* do rádio" o que o revestiu de autoridade na região. No início, parecia um homem bastante sábio para Malala, visto que se apresentava como um reformador islâmico e intérprete do Alcorão. A mãe de Malala se tornou uma ouvinte frequente do programa neste período.

Fazlullah usava sua estação para incentivar as pessoas a adotarem hábitos que ele considerava bons e abandonarem os que considerava ruins; ele as incentivava a pararem o uso de tabaco, heroína e haxixe, ensinava a maneira correta de praticarem a ablução (lavagem ritualística) antes de rezarem, e ensinava até mesmo como fazer a higiene das partes íntimas.

A popularidade de Fazlullah, para além de seu carisma, também se deve ao sentimento de descontentamento da população local com o sistema jurídico paquistanês. Em casos como disputas de terra, por exemplo, processos que tinham rápida resolução passaram a demorar dez anos para serem julgados.

No entanto, não tardou para que o mullah fizesse discursos cada vez mais extremos, o que logo chamou a atenção de Ziauddin. O pai de Malala chegou a tentar convencer as pessoas de que Fazlullah estava enganando-as, mas à época, todos estavam seduzidos demais por suas palavras para acreditar em Ziauddin.

Malala torna-se uma militante

O ano de 2006 marca um ponto de inflexão na existência do Talibã paquistanês. Os Estados Unidos lançaram um ataque contra uma madrasa em Bajaur, matando oitenta pessoas, incluindo meninos de doze anos de idade. Dentre os mortos, estavam o irmão de Fazlullah e três de seus sobrinhos.

Todo ano, o final do Ramadã — período sagrado do calendário islâmico — é celebrado com um banquete. Chamado de Eid al-Fitr, a data costuma ser celebrada com o sacrifício de animais, como cabras e carneiros. Após o ataque norte-americano, Fazlullah anunciou que eles sacrificariam "animais de duas pernas". Não eram galinhas nem patos: seus homens passaram a assassinar políticos e homens influentes de partidos seculares (sem vinculação religiosa), em particular do Partido Nacional Awami.

Em 2007, um amigo pessoal de Ziauddin foi sequestrado e morto, o primeiro assassinato no Swat. Quando a família Yousafzai retornou do Eid, ela encontrou na porta da escola uma carta: "Senhor, a escola que você está gerindo é ocidental e infiel. Você ensina meninas e tem um uniforme que não é islâmico. Pare ou você terá problemas e suas crianças chorarão por você.". Ela era assinada pelos "guerreiros do Islã".

Após este ocorrido, Ziauddin achou seguro mudar o uniforme, colocando os garotos em vestimenta tradicional e instruindo as garotas a usar véus ao entrar e sair da escola. Ele também escreveu uma carta ao jornal local, dirigida a estes "guerreiros": "Esta não é a maneira correta de implementar o Islã", começava ela. "Por favor, não machuque minhas crianças, pois o Deus em que vocês acreditam é o mesmo a quem elas rezam. Vocês podem tomar minha vida, mas, por favor, não matem meus alunos."

Mais tarde, naquele ano, um novo assassinato chocaria o Paquistão: o da ex-primeira-ministra Benazir Bhutto, a primeira mulher a presidir um país muçulmano.

Malala estava assistindo à televisão quando soube da notícia. Benazir Bhutto estava saindo de um grande comício em um parque quando um homem-bomba explodiu ao lado de seu carro, um Toyota Land Cruiser blindado, no momento em que ela se ergueu para fazer acenos através do teto solar.

Inicialmente atribuído ao Talibã, o ataque foi reivindicado pela Al-Qaeda, que a chamou de "o ativo mais precioso dos Estados Unidos". Este assassinato inspirou Malala a se tornar uma militante ativa contra o terrorismo, como já via seu pai fazer há anos.

Em 2008, o Talibã paquistanês passou a explodir escolas, geralmente durante a noite, quando não havia crianças presentes. A primeira escola a ser atacada foi a Shawar Zangay, uma instituição pública para meninas. Os ataques passaram a ocorrer quase que diariamente. No final de fevereiro, ocorreu o primeiro atentado na cidade de Malala: um homem-bomba destruiu a quadra de basquete no Colégio Haji Baba. Mais de cinquenta pessoas morreram.

Malala descreve em sua autobiografia que no Ramadã daquele ano, o Talibã bombardeou a central elétrica e o gasoduto locais, deixando toda a região sem eletricidade e gás. Nessa época, sua mãe precisava cozinhar em fogueiras. Muitas famílias ficaram sem água potável, as pessoas começaram a morrer de cólera e o sistema de saúde estava sobrecarregado, ao ponto de precisar erguer barracões na parte externa dos prédios para atender os pacientes.

Ela conta que seu pai comprou para a escola um gerador que bombeava água de uma nascente, o que fez com que as crianças do vale formassem filas diariamente para encher baldes e jarras. Malala se recorda de um dia em que um vizinho repudiou a iniciativa de Ziauddin, dizendo que o Talibã iria bombardeá-los se descobrissem que ele estava distribuindo água durante o Ramadã.

Naquele mesmo ano, Ziauddin organizou uma marcha pela paz. Nela, garotas da escola deram uma entrevista para a televisão local, a primeira de Malala. Em seguida, ela foi até a Geo, uma das maiores emissoras do país.

Quanto mais entrevistas ela dava, mais confiante se tornava. Uma de suas participações mais notáveis na mídia paquistanesa se deu em um talk show da BBC Urdu em 2008, quando tentou promover uma mesa redonda com os seguintes convidados: Ziauddin, um de seus amigos, Fazal Maula, suas duas filhas e um membro do Talibã, Muslim Khan. Não houve debate: Khan se negou a participar ao vivo e enviou uma entrevista pré-gravada, o que impediu que Malala o confrontasse diretamente.

De todo modo, ela sabia que o Talibã e seus apoiadores estariam ouvindo quando denunciou: "Como o Talibã ousa tomar de mim meu direito à educação?". Fazlullah anunciou por meio de um de seus subordinados que todas as escolas femininas deveriam fechar até o dia 15 de janeiro do ano seguinte.

Malala não se abalou. "Como eles podem nos impedir de ir à escola?", questionou. "Eles não têm este poder. Eles dizem que destruirão a montanha, mas sequer controlam a estrada", disse Malala, demonstrando que o grupo tinha poder limitado sob a região de Swat diante da resistência popular.

Diário de uma estudante paquistanesa

Em 2009, Malala se tornou famosa internacionalmente. A BBC Urdu queria cobrir a influência do Talibã sobre a região a partir da perspectiva de uma garota local.

Por conta disso, eles entraram em contato com Ziauddin, que procurou uma estudante que concordasse em se tornar correspondente da BBC. Inicialmente, uma garota da escola de Malala aceitou o posto, escrevendo um diário. Mas, quando o pai da jovem descobriu, forçou a filha a parar.

Ao ouvir Ziauddin conversando com o jornalista pelo telefone, Malala se voluntariou para a tarefa. Ela nunca havia escrito um diário e não tinha acesso garantido à internet, então todos os dias o repórter a ligava por celular.

As ligações eram feitas a partir do celular da esposa do jornalista, pois o seu estava grampeado pelo serviço de inteligência paquistanês. Eles conversavam por cerca de meia hora; Malala lhe contava sobre seu dia ou seus sonhos e ele escrevia o que ela relatava para o jornal.

Por orientação do jornalista, ela usava um pseudônimo, "Gul Makai", nome da heroína de uma história folclórica Pashtun. Sua primeira publicação se deu em 3 de janeiro de 2009, sob o título "Eu tenho medo". Neste primeiro artigo, ela contava do medo que sentia do Talibã e dos pesadelos que tinha com eles.

Menos de duas semanas depois, no dia 14, ela acordou com câmeras em seu quarto. Seu pai havia sido persuadido a participar de um documentário para o *The New York Times*.

O refúgio dos Yousafzai

Em seu livro, a jovem conta que os documentaristas perguntaram como ela se sentiria se algum dia precisasse deixar sua terra e nunca mais voltar. Naquela ocasião, ela sequer contava com a possibilidade de isso acontecer, mas logo notou que tudo ao seu redor seguiu planos diferentes dos que ela tinha inicialmente.

"Pensei que minha escola não poderia fechar, e fechou. Pensei que jamais sairíamos do vale e estávamos prestes a sair. Pensei que um dia o Swat ficaria livre do Talibã e que iríamos celebrar, mas agora me dei conta de que isso talvez não aconteça", narrou Malala.

Em maio de 2009, Malala juntou suas roupas, livros e cadernos e preparou uma mala para deixar Mingora junto de seus familiares. A decisão foi motivada pela mãe da jovem, que vivia assustada em meio aos tiroteios e às mortes que aconteciam na região.

Assim, seguiram destino a Shangla de carona com um amigo de Ziauddin, dr. Afzal, que também levava sua família. Na van estavam Malala, sua mãe, Ziauddin, sua avó, seus irmãos e a esposa de um primo, dividindo espaço com Afzal, sua esposa e filhos.

O Talibã havia fechado algumas das saídas da cidade e se organizado em postos de controle nas estradas da região. As ruas estavam movimentadas, cheias de carros e carroças que carregavam famílias na mesma situação dos Yousafzai. Milhares de pessoas deixaram suas casas levando consigo apenas a roupa do corpo. Ao longo da viagem, o pai de Malala fez um relato ao vivo para a imprensa contando sobre o êxodo.

À noite, chegaram em Mardan, cidade com um grande número de campos de refugiados. O local tinha uma demanda insustentável, visto que quase dois milhões de pashtuns que estavam deixando o Swat buscariam acampamentos no entorno. Além disso, a cólera já havia chegado no local, então ficar ali não era uma opção.

Eles passaram a primeira noite na casa da família do dr. Afzal. No dia seguinte, Ziauddin disse que iria a Peshawar para alertar as pessoas sobre a situação dos campos e prometeu encontrar-se com a família em Shangla. Toor tentou convencê-lo a ficar, mas ele não cedeu. Por fim, seguiram rumo para Abbottabad, onde a família da avó de Malala morava. Lá encontraram um primo da jovem, Khanjee, que planejava viajar para a mesma direção.

Khanjee comandava um albergue para meninos no Swat e estava acompanhado por um grupo de garotos que levava para o Kohistão. Ele, então, ofereceu uma carona até Besham. Já era noite quando chegaram no local e decidiram dormir em um hotel enquanto Khanjee tentava conseguir uma van para levá-los até Shangla.

No fim, precisaram ir caminhando até a aldeia, em um percurso que tinha cerca de 25 quilômetros. Quando chegaram, exaustos, os parentes de Malala ficaram surpresos com a viagem, pois acreditavam que o Talibã voltaria para Shangla e seus esforços teriam sido em vão.

A princípio, se hospedaram na aldeia da família de Toor, onde receberam a ajuda de tios e primos. Nesse período, Malala passou a frequentar a escola local, que tinha apenas três alunas mulheres em sua sala, já que maior parte das meninas da aldeia não ia à escola.

Àquela altura, Ziauddin ainda não havia retornado de Peshawar. Só conseguiram contatá-lo por telefone depois de seis semanas em Shangla. Na ligação, ele pediu para que viajassem até ele, pois teria alugado um quarto com mais três amigos. Eles seguiram sua orientação e a família conseguiu se unir novamente.

Juntos, passaram por Islamabad, Abbottabad e, por fim, Haripur. Após meses vivendo como refugiados internos, conseguiram retornar ao Vale do Swat quando o Exército declarou ter retomado o controle da região. No entanto, a caminho de Mingora, se depararam com um cenário de guerra — prédios estavam em ruínas, as paredes das construções estavam perfuradas por projéteis e era possível observar veículos incendiados nas estradas. Felizmente, a casa da família Yousafzai permaneceu intacta mesmo após o êxodo.

O atentado

O nome verdadeiro de Malala se tornou internacionalmente reconhecido no ano de 2011, quando foi nomeada para o prêmio da fundação holandesa KidsRights.

Dois meses depois, recebeu do primeiro-ministro do Paquistão o Prêmio Nacional da Paz, uma premiação que vinha acompanhada de meio milhão de rúpias (cerca de R$ 45.598,00 na cotação atual, ou o equivalente a 83 salários-

-mínimos no Paquistão naquele ano). No ano seguinte, Malala se tornaria a adolescente mais conhecida do mundo. Infelizmente, a sua luta não trouxe apenas este reconhecimento, mas também o preço que pagou por ela.

Aos quinze anos, Malala era agora uma estudante do Ensino Médio. Aquela terça-feira de outubro começou difícil: no meio da semana de provas, ela acordou atrasada. Era 2012 e, devido às ameaças do Talibã contra as escolas femininas, ela já não ia e voltava da escola a pé, mas de ônibus.

Ela lembra do ônibus parar subitamente. Dois jovens se colocaram no caminho do veículo, forçando a sua parada. "É este o ônibus da Escola Khushal? Eu preciso de informações sobre algumas das crianças."

O ocorrido não alarmou Malala nem suas amigas; elas pensavam que se tratava de um jornalista que queria pedir uma entrevista, como acontecia com alguma regularidade. "Quem é a Malala?", ele perguntou, colocando o rosto dentro do ônibus. Não houve resposta, mas algumas das meninas olharam para ela.

Sem nenhuma outra palavra, o homem puxou uma pistola e disparou contra ela. O primeiro tiro entrou logo acima de sua sobrancelha esquerda e se alojou em seu ombro. Ela tombou, e os dois disparos seguintes atingiram as garotas ao seu lado. Malala foi levada de helicóptero para um hospital militar em Peshawar, onde precisou ser operada quando seu cérebro começou a inchar. A bala foi removida em uma cirurgia de cinco horas.

No dia seguinte, ela foi submetida a uma craniectomia descompressiva. Depois, foi transferida para o Instituto de Cardiologia das Forças Armadas. Hospitais do mundo inteiro contataram o Paquistão para oferecer tratamento para Malala, e no dia 15 de outubro ela foi transferida para a Inglaterra, onde foi internada no Hospital Rainha Elizabeth.

O destino de seus perseguidores

Um dos principais suspeitos do ataque contra Malala foi Malik Ishaq, identificado como o atirador que disparou contra ela. Ele foi condenado a prisão perpétua cerca de um ano após o episódio. No total, dez membros do Teehrik-e-Taliban Pakistan (TTP), grupo militante que assumiu a responsabilidade pelo ataque, foram localizados e julgados. No entanto, o processo judicial e as prisões enfrentaram desafios, como a corrupção e a influência do TTP no país, o que dificultou a justiça para todas as vítimas do atentado.

Além de Malala, foram vítimas Kainat Riaz, que sentava perto dela no ônibus escolar e foi atingida no braço e na cabeça durante o ataque, e Shazia Ramzan, também amiga de Malala, atingida na perna. As duas receberam atendimento médico e também sobreviveram.

No período em que o julgamento aconteceu, o governo do Paquistão ainda estava lidando com a influência do extremismo em algumas regiões. A responsabilização dos autores, portanto, ficou comprometida. Por volta de 2015, um jornal britânico noticiou que oito dos dez acusados foram liberados, fato que foi confirmado posteriormente pela polícia paquistanesa.

A sentença judicial afirmava que os dois homens condenados foram os responsáveis por atirar na ativista, mas antes a versão era de que esses dois suspeitos e o mandante do ataque estavam foragidos no Afeganistão. Por esse motivo, o julgamento levantou suspeitas sobre a sua validade dada a falta de transparência em torno das decisões.

Uma nova vida

Malala foi colocada em coma induzido para estabilizar suas condições vitais e, dois dias após sua transferência para a Inglaterra, foi tirada do coma. Sua recuperação foi longa e o tratamento intensivo durou vários meses. No Hospital Rainha Elizabeth, passou cerca de três meses em cirurgias e tratamentos para estabilizar sua saúde e recuperar as funções auditiva e motora.

No dia 11 de novembro do mesmo ano, passou por uma cirurgia para reparar seu nervo facial. No ano seguinte, foi submetida a uma cirurgia de reconstrução do crânio e para colocar um implante coclear.

Seu quadro ficou estável após algumas semanas, mas o processo de recuperação física e a adaptação ao implante se estendeu por mais tempo. Sua recuperação total levou cerca de um ano.

O ataque sofrido por Malala repercutiu amplamente não apenas em seu país, mas em todo o mundo. Jornais como BBC, Al Jazeera, *The Guardian* e *The New York Times* rapidamente divulgaram a notícia, trazendo o nome de Malala como grande representante da luta pela educação.

No Paquistão, o ataque gerou uma onda de protestos, com manifestações públicas em solidariedade a Malala e em oposição ao extremismo. Líderes de diversas nações, como o ex-presidente dos Estados Unidos, Barack Obama, expressaram apoio a Malala. Diante da repercussão, o Talibã se pronunciou assumindo a responsabilidade pelo atentado e disse que, se Malala não morresse, eles tentariam matá-la novamente.

Três dias após o ataque, um grupo de *muftis* (pessoas que possuem entendimento jurídico e que também são qualificados no estudo do Alcorão) emitiu um parecer legal baseado na lei sagrada, documento conhecido como *fatwa*, condenando o homem que atacou Malala. Além disso, o presidente do Paquistão fez um pronunciamento caracterizando o atentado como uma ação contra "todas as pessoas civilizadas".

A luta continua

Malala não deixou que o ocorrido nem mesmo as contínuas ameaças interrompessem a sua luta, e logo voltou à atividade. Em julho de 2013, aos 16 anos, ela fez um discurso na Assembleia Geral da Organização das Nações Unidas (ONU), reafirmando seu compromisso com o ativismo.

> "Eles pensaram que as balas nos silenciariam. Mas eles falharam. Então, do silêncio, se levantaram milhares de vozes."
>
> **Malala Yousafzai**

No mesmo ano, a jovem lançou sua autobiografia, *Eu sou Malala*, que se transformou em um best-seller internacional, e cocriou o Fundo Malala, dedicado a garantir doze anos de educação gratuita para crianças em países como Paquistão, Afeganistão e Nigéria. Na Nigéria, inclusive, se reuniu com o presidente Goodluck Jonathan para propor ações diante da dominação do grupo radical Boko Haram, que havia sequestrado cerca de 276 estudantes nigerianas em um crime que chocou o mundo.

Em 2014, aos 17 anos, Malala recebeu o Prêmio Nobel da Paz junto do ativista indiano Kailash Satyarthi, tornando-se a pessoa mais jovem a ser laureada com a honraria.

Nos anos seguintes ao atentado, ela se reuniu com uma série de líderes importantes: a rainha do Reino Unido, Elizabeth II; Barack Obama, que já havia declarado seu apoio anteriormente; o primeiro-ministro do Curdistão, Massoud Barzani; o vice-presidente da Nigéria, Yemi Osinbajo, que na ocasião estava como interino; o ministro da Educação do Iraque, Dr. Muhammad Iqbal Omar.

Originalmente, Malala pretendia retornar ao seu país e concorrer ao cargo de primeira-ministra. Mas, após esses encontros, conseguiu entender que não precisaria de um cargo na política para continuar sua luta. Embora não faça declarações públicas sobre seu posicionamento ideológico, Malala defende ideais progressistas voltados à defesa dos direitos humanos e da igualdade de gênero. Em muitos de seus discursos, ela se coloca contra a guerra e pede aos governantes melhores condições de vida para a população — pautas que costumam ser associadas à esquerda.

Na mídia ocidental, no entanto, é reforçada constantemente a sua admiração por figuras como Barack Obama e Benazir Bhutto, ex-primeira-ministra de seu país, dois líderes que implantaram políticas de orientação liberal durante seus governos. Esse fato é usado para deixar de lado o aspecto mais radical da visão política de Malala, que acredita na influência do

Estado para a manutenção da justiça social e preza por sociedades cujas políticas sejam cada vez menos armamentistas.

Malala seguiu seus estudos na Inglaterra, onde ainda vive, concluindo a graduação em Filosofia, Política e Economia na Universidade de Oxford, em 2020. Em 2021, Malala anunciou que havia se casado em uma cerimônia privada com Asser Malik, um empresário do ramo esportivo.

Ela se tornou autora de três best-sellers, presidente do grupo de mídia Extracurricular Productions, professora honorária da Faculdade de Linacre e passou a escrever um boletim de notícias semanal para a *Podium*, uma plataforma que permite discussões acerca de questões políticas e sociais.

Coleção Saberes

Passagens pelo Brasil

Desde que Malala transformou-se em um ícone global na luta pela educação e pelos direitos das mulheres, dedicou-se a levar sua missão a diversos países ao redor do globo. O Brasil foi um deles.

Sua primeira visita ao país foi em julho de 2018, como parte de suas ações pela organização Fundo Malala. Durante a visita, Malala palestrou a respeito do poder transformador da educação e da leitura, para um público de mulheres, professores e estudantes.

. Ela visitou comunidades em Salvador, na Bahia, onde conheceu projetos locais de educação e discutiu as dificuldades enfrentadas por meninas, especialmente aquelas que vivem em situação de vulnerabilidade. Em vídeo publicado no canal do Fundo Malala no YouTube, a ativista diz que cerca de 1,5 milhão de meninas brasileiras estão fora da escola e que a evasão escolar no país atinge, sobretudo, a população indígena. Malala destaca que as meninas indígenas sofrem com problemas como falta de oportunidade, baixo investimento, gravidez na adolescência, dificuldade de transporte e a necessidade de trabalhar desde muito jovens.

Os projetos locais apoiados pelo Fundo Malala são geridos pelos "campeões pela educação" — nome dado aos educadores que atuam pelo mesmo objetivo da organização, que é ampliar o acesso à educação de qualidade. No vídeo, é apresentada a professora e campeã pela educação Ana Paula Ferreira de Lima, que trabalha com a inclusão das comunidades indígenas na educação há vinte anos. Desde 2014, Ana Paula trabalha como supervisora de cursos de capacitação para professores indígenas na Bahia e em Minas Gerais. A professora, assim como seus alunos, foi uma das beneficiadas pelo Fundo Malala, que tornou possível expandir seu trabalho.

No mesmo ano, Malala passou pelo Rio de Janeiro e homenageou a vereadora carioca Marielle Franco, que foi assassinada a tiros na região central da capital fluminense em março de 2018. À época, Malala afirmou em sua conta no X, antigo Twitter, que pintou um mural da vereadora durante um encontro com membros da rede feminista "Nami".

Em 2023, retornou ao Brasil para um evento literário de incentivo à leitura na infância, o LER, para discursar na abertura em defesa de uma educação inclusiva, e aproveitou para encontrar com ministros em Brasília. No evento, Anielle Franco, irmã de Marielle e ministra da Igualdade Racial, retribuiu a homenagem à irmã afirmando que foi um encontro histórico e reforçando o impacto de Malala para os educadores brasileiros.

"

2

CONTEXTO HISTÓRICO

> "Venho de um país criado
> à meia-noite. Quando quase
> morri, era meio-dia."
>
> **Malala Yousafzai**

Malala Yousafzai, como pudemos perceber por sua biografia, viveu sua infância e parte da adolescência em um período de relevantes transformações históricas e sociais, especialmente durante os tumultuados primeiros anos de sua existência.

Cercada por um país tomado por forças reacionárias e fundamentalistas, Malala nasceu em meio a crises políticas, disputas de poder, a invasão e fortalecimento do Talibã em seu território, entre muitos outros acontecimentos que impactaram não somente a vida dela, mas de toda a população paquistanesa.

Ela presenciou isso tudo e também agiu, mesmo antes de tornar-se ciente de seu lugar na história, para transformar o mundo ao seu redor, em especial no que diz respeito à educação e ao direito das mulheres. Como veremos a seguir, essas transformações foram possíveis, principalmente, porque a jovem revolucionária foi impactada de forma profunda pelos contextos históricos que vivenciou.

Um país novo

O Paquistão tem uma formação política relativamente recente. Criado para abrigar a população mulçumana após a separação do subcontinente indiano com o fim do domínio colonial da Inglaterra, foi considerado um país independente no ano 1947 e, atualmente, é uma nação predominantemente islâmica, além de ser o quinto país mais populoso do mundo.

A história do país já soma três golpes militares significativos desde a sua independência. O primeiro golpe foi em 7 de outubro de 1958, quando o General Muhammad Ayub Khan depôs o governo civil do primeiro-ministro Feroz Khan Noon.

O segundo golpe, mencionado anteriormente, aconteceu em 5 de julho de 1977, quando o General Muhammad Zia-ul-Haq destituiu o governo de Zulfikar Ali Bhutto. O regime durou até sua morte, causada por um acidente aéreo em 1988.

Onze anos depois, em 12 de outubro de 1999, o General Pervez Musharraf tomou o controle do país depondo o governo do primeiro-ministro Nawaz Sharif e ficando no poder até 2008.

Esse histórico de golpes, bem como outras tentativas, provocaram uma constante instabilidade política no país, problema que afeta a população diretamente. O abuso de poder, a forte corrupção e os escândalos políticos, principais consequências de governos autoritários, acabam dificultando as possibilidade de progresso social e econômico no Paquistão.

A maior parte dos paquistaneses vive em condições de vulnerabilidade social extrema, principalmente a que vive em partes rurais. Na economia, a inflação elevada, a dívida externa crescente e a desvalorização da moeda são os principais desafios. As queixas de Malala feitas há mais de uma década, continuam: o sistema educacional do país segue em crise, com altas taxas de evasão, analfabetismo e desigualdade de gênero.

Diante de todas essas questões, o Paquistão ainda vive sob o risco de novos ataques terroristas, em especial liderados pelo Talibã. Mas, afinal, como esse grupo extremista passou a controlar o Paquistão?

A dominação do Talibã

O Talibã é um grupo ultraconservador fundamentalista sunita. Ele surgiu na década de 1990 durante a guerra civil que ocorria no Afeganistão, com o apoio paquistanês.

Seus primeiros membros provavelmente vieram de dentro de seminários religiosos das chamadas madrasas, já que a palavra talibã significa *estudantes* em pashto. Inicialmente, o intuito do grupo era confrontar o crime, a corrupção e restaurar a paz, mas, aos poucos, começaram a impor sua rígida interpretação dos textos sagrados, assumindo o poder como um governo autoritário, que passou a perseguir minorias e diferentes religiões dentro do território afegão, como cristãos e budistas.

De 1996 a 2001, período em que o Talibã permaneceu no poder, a comunidade internacional chegou a denunciar inúmeras violações aos direitos humanos. Opositores eram executados em público e pessoas que desobedeciam ou eram acusadas de desobedecer às leis sofriam castigos, que iam desde chibatadas em público até amputações.

No entanto, um importante evento histórico tratou de desequilibrar a hegemonia do Talibã no Afeganistão: os ataques do dia 11 de setembro de 2001. O ataque foi arquitetado por um outro grupo extremista, a Al-Qaeda, fundada no Paquistão. Menos de um mês após o ocorrido, em 7 de outubro de 2001, os Estados Unidos invadiram o Afeganistão para se vingarem ao saber que o Talibã forneceu abrigo a Al-Qaeda no país após o atentado.

Um dos objetivos dos Estados Unidos nessa missão, além de perseguir a Al-Qaeda, era punir o Talibã por dar asilo ao grupo. Assim, em 2001, o Talibã foi retirado do poder pelas tropas estadunidenses, o que fez com que seus membros fugissem da capital do Afeganistão para o interior do país e partes do Paquistão, mas não fez com que desaparecessem.

A ocupação estadunidense no Afeganistão durou cerca de vinte anos e em agosto de 2021, após um acordo de paz entre Estados Unidos e Talibã, as tropas norte-americanas foram retiradas do território afegão. Quase que imediatamente o Talibã tomou o poder mais uma vez, impondo seu governo de terror e tirando direito dos cidadãos afegãos, principalmente das mulheres.

Ainda no início dos anos 2000, os Estados Unidos construíam uma aliança militar com o Paquistão. Essa aliança gerou forte repercussão interna, especialmente no Vale do Swat, onde Malala vivia, já que o governo paquistanês começou operações militares contra o Talibã e outros grupos insurgentes. Em resposta, o Talibã intensificou suas atividades em várias regiões, aumentando a repressão e a violência e instigando medo na população.

Como já foi brevemente mencionado no primeiro capítulo, Malala viu de perto essa nova ascensão do Talibã nas ruas do Paquistão, transformando o modo como ela, sua família e seus amigos viviam.

O Talibã ascendeu ao poder no Paquistão, aos poucos. Seu líder à época, *mullah* Fazlullah, ganhou a simpatia do povo por meio de seu programa de rádio criado ilegalmente. Ele era inteligente, falava com propriedade e aos poucos persuadiu grande parte da população a seguir seus ensinamentos, que ficavam cada vez mais opressivos e autoritários.

Em 2005, um terremoto assolou a região, o que fez com que Fazlullah começasse a pregar que as pessoas parassem de ouvir música, dançar e assistir a filmes. Ele definiu esses atos como pecaminosos e passou a dizer que eles foram a causa do terremoto, fazendo com que seus seguidores acreditassem que, caso continuassem a praticá-los, Deus mandaria um novo terremoto para puni-los.

Fazlullah se tornou popular até entre os docentes das escolas do pai de Malala. Nas zonas mais remotas, o povo se lembrava de como o Movimento Pelo Cumprimento da Lei Islâmica apareceu para socorrer a população antes mesmo do governo. E a região em que viviam era solo fértil para seu discurso de retomar a lei islâmica: quando o território estava sob os domínios ingleses, aquela área fazia parte de um estado principesco com leis próprias, mas, com a independência, o sistema de justiça foi substituído pela justiça paquistanesa, e casos que antes eram resolvidos rapidamente passaram a se arrastar por décadas.

Em apenas alguns meses, a população começou a se livrar de suas televisões, DVDs e CDs. Os homens do Talibã os coletavam e queimavam em grandes pilhas. Donos de locadoras fechavam suas lojas voluntariamente e recebiam compensação financeira dos homens de Fazlullah.

O dinheiro vinha de doações que o líder recebia das vilas por onde passava. Elas eram tão numerosas que Fazlullah construiu uma estruturada sede em Imam Deri, com direito a uma mesquita, uma madrasa e forças armadas para defendê-la. Durante a construção, as vilas da região se alternaram, mandando homens para erguê-la.

"Primeiro os talibãs nos tiraram a música, depois nossos Budas e então nossa história", escreve Malala em sua autobiografia. Segundo a ativista, o grupo destruiu locais relevantes para a história do Paquistão, e proibia toda forma de expressão artística que envolvesse estátuas ou pinturas por considerarem *haram*, pecado.

Com o crescimento de sua autoridade, Fazlullah passou a proclamar leis: escolas não deveriam ensinar mulheres, salões de beleza deveriam fechar, homens não deveriam fazer suas barbas e mulheres não deveriam ir ao mercado.

Ainda que ele não possuísse autoridade legal, contava com grande apoio popular. Assim, era ouvido pelas pessoas, e os que ousavam discordar dele eram hostilizados por seus vizinhos e pelos homens de Fazlullah.

Malala se questionava acerca desses "ensinamentos". Ela conta em seu livro que nas aulas de estudo islâmico aprendeu que Khadijah, a primeira esposa do Profeta, era uma mulher de negócios, quinze anos mais velha que ele e que já havia sido casada anteriormente. Nenhum desses fatores impediu o Profeta de casar-se com ela. Fazlullah, entretanto, tinha uma interpretação que ia ferozmente contra essas ideias, chegando a pregar que os homens devem trabalhar fora, enquanto mulheres ficam em casa cuidando do lar.

Quando sua palavra se tornou lei, o líder talibã começou a presidir uma shura, corte local que segue a lei islâmica e que se provou bastante popular — ao contrário da justiça paquistanesa, ela resolvia os conflitos com diligência. As punições incluíam chibatadas, algo que Malala e sua família nunca tinham visto antes.

O grupo extremista começou a explodir escolas durante a noite. O Talibã passou a patrulhar as ruas, procurando quem violasse as leis de Fazlullah. O Paquistão se tornava cada vez mais parecido com o Afeganistão.

No Paquistão, o Talibã continua sua campanha contra o governo, tendo como base de poder a área conhecida como o "cinturão tribal". Entretanto, desde 2020, a organização passou por uma reorientação tática, deixando de atacar civis e focando seus ataques no Exército e nas polícias paquistanesas, uma tentativa de reabilitar sua imagem perante a sociedade do país.

Direito das mulheres no Paquistão

Praticamente nada mudou em relação ao direito das mulheres na política paquistanesa desde o ataque sofrido por Malala. Sendo um país extremamente religioso desde sua formação, o Paquistão criou suas leis e Constituição alinhadas com seu livro sagrado, o Alcorão.

A religião islâmica não impõe a segregação às mulheres, mas a interpretação radical, sim. Um Estado que toma como base ideologias religiosas extremas se torna uma ameaça para grupos mais vulneráveis, como é o caso das mulheres e outras minorias. E, com o passar dos anos, o fortalecimento do fundamentalismo religioso só aumentou ainda mais os obstáculos já enfrentados por essas camadas.

Os pais de Malala foram um ponto fora da curva. Em sua autobiografia, Malala conta que para a maioria dos pashtuns, o dia em que nasce uma menina é considerado sombrio — mas o dia de seu nascimento foi celebrado.

Seus pais sempre incentivaram que a filha estudasse e fosse livre — não só a filha, como todas as alunas que passaram pela escola da família. Mesmo em um país que mulheres são ensinadas desde pequenas que seus direitos têm prazo de validade e que, depois de certa idade, tudo o que lhes resta são as obrigações com a casa, o marido e os filhos.

No Paquistão, as mulheres podem se casar antes de se tornarem pessoas. Isso porque elas "não existem" até os dezoito anos, que é a idade permitida para a tirada de documentos, sendo que aos dezesseis já são elegíveis para o casamento.

De acordo com Bushra Khaliq, diretora-executiva à frente da organização *Women in Struggle for Empowerment* — Wise (Mulheres na luta por empoderamento, em português), "essa noção vem muito da religião, que diz que, ao atingir a puberdade, a menina está apta a casar, e isso provoca muitos casamentos forçados.".

Mulheres são proibidas de saírem sozinhas no Paquistão, sendo assim, sempre precisam ter um homem como acompanhante. Elas não podem mostrar o cabelo, escolher seu marido e sua força de trabalho deve ser usada apenas dentro de casa.

Segundo dados da Organização das Nações Unidas (ONU), apenas 21% das mulheres paquistanesas estão no mercado de trabalho atualmente. As mulheres cristãs ou hindus que vivem no país são convertidas à força para o islamismo por meio do uso da violência e até mesmo com casamentos forçados com homens muçulmanos.

Para Malala, os grupos radicais que justificam suas atitudes em nome do islã temem o poder e a independência das mulheres. A jovem ativista afirma categoricamente que a luta pelo direito das meninas precisa ter o apoio dos homens:

"Quando a gente fala nos direitos das meninas, é muito importante pensar no papel que os homens e os meninos têm. Não são problemas só das mulheres. São problemas de todos. Se as mulheres não são tratadas de maneira justa, isso afeta a todos. Isso afeta a economia. Quando nós perdemos oportunidades para estudar, isso pode custar milhões de dólares. Mas, quando temos acesso à educação, isso representa um adicional de milhões de dólares. A questão de gênero e da economia social é importante. Por isso, a participação dos homens é crítica. Eles têm um papel dentro da família de apoiar mães, filhas e irmãs.

Sou muito grata por ter tido um pai que me apoiou. Homens corajosos podem realmente mudar a vida das mulheres."

Malala Yousafzai

Ao receber o prêmio de Nobel da Paz, Malala não só mostrou como fez sua voz ser ouvida, como voltou os olhos do mundo para a luta pelo direito à educação e pelos direitos básicos, principalmente das mulheres.

Liberdade de expressão e de imprensa

Desde a sua independência em 1947 e os consequentes períodos de instabilidade política, a liberdade de expressão no Paquistão é ameaçada. Entre governos civis e militares, golpes de Estado e conflitos armados, foi se desenhando um cenário de avanços e retrocessos ao longo das décadas no que envolve a resistência da população paquistanesa.

Em 1958, com o golpe militar do general Ayub Khan, a censura passou a ser institucionalizada. Seu governo, impôs leis que restringiram a mídia e a liberdade de expressão em todo o país.

Nos anos 1970, sob o comando de Zulfikar Ali Bhutto, o Paquistão seguiu por um caminho um pouco mais progressista, mas a liberdade ainda era controlada, pessoas que direcionassem críticas ao governo ou aos costumes locais eram intimidadas.

O governo de Zia-ul-Haq, que assumiu sete anos depois por meio de um golpe de Estado, foi um dos períodos mais repressivos da política paquistanesa. O general acrescentou leis de blasfêmia ao Código Penal do Paquistão entre 1982 e 1986, restringindo a liberdade religiosa no país e censurando qualquer publicação considerada contrária à "moral islâmica". Após a medida, intelectuais que se opunham ao governo passaram a ser perseguidos, presos e torturados.

Com a morte de Zia no final da década de 1980, o Paquistão voltou a ter um civil em seu governo, mas repressões ainda eram constantes, especialmente em temas sensíveis como religião, segurança e corrupção. Em 1999, com o golpe de Pervez Musharraf, a população assistiu ao direito à liberdade de expressão diminuir à medida que a oposição ao seu governo crescia.

Não é possível falar de liberdade de expressão, entretanto, sem abordar a liberdade de imprensa. Em 2002, o governo Musharraf possibilitou o fim do monopólio estatal das ondas de rádio em 2002 no país. Apesar de parecer algo positivo, o governo ainda controlava o que poderia ir ou não ao ar. Por isso, foi um momento marcado pela suspensão de transmissões ao vivo e pela prisão de jornalistas.

No Paquistão, a democracia só deu as caras em 2008, mas essa mudança não provocou tantos avanços no campo da liberdade de expressão, que continuou a ser limitada por pressões do governo e também militar.

Nos últimos anos, jornalistas, ativistas e opositores tem enfrentado assédio e até mesmo ameaças de morte. Além disso, as redes sociais e mídias on-line de forma geral, que oferecem um novo espaço para a expressão pública, são monitoradas e censuradas por órgãos estatais em temas como política, feminismo e discussões étnicas.

De acordo com dados da organização Repórteres sem Fronteiras, existem atualmente cerca de cem canais de televisão e mais de duzentas emissoras de rádio, que comunicam para uma população em que somente cerca de 60% é alfabetizada. Foi nesse contexto que Malala passou a ser correspondente da BBC, usando sua voz para informar a população sobre as violações de direitos impostas pelo Talibã ao longo de sua adolescência.

O blog gerou repercussão fundamental para seu ativismo e, até hoje, ela defende que a liberdade de imprensa é essencial para a transparência e a garantia dos direitos, especialmente em países onde o direito de se expressar livremente e de ter uma mídia independente enfrenta constantes ameaças.

A luta pela liberdade de expressão, bem como a liberdade de imprensa, deve continuar por bons anos — mas hoje vive seus tempos de ouro por ter em sua linha de frente vozes potentes e revolucionárias como a de Malala.

"

3

LEGADO

> "Aqui está uma pergunta que faço
> para mim mesma todas as noites (...)
> Deitada na cama acordada
> por horas pensando
> 'O que farei em seguida?'"
>
> **Malala Yousafzai**

Refletir sobre o legado de alguém tão jovem quanto a ativista Malala Yousafzai é uma tarefa complexa e desafiadora — até mesmo cruel. Afinal, ela está apenas no início de sua jornada, com uma vida repleta de potencial ainda por ser desvendada.

Neste momento, podemos encontrar um paradoxo intrigante: como medir o legado de alguém cujas maiores contribuições ainda estão por vir? Como é possível avaliar a magnitude de suas conquistas quando as batalhas que ela trava ainda não foram completamente vencidas?

"O que farei em seguida?" é, sem dúvida alguma, um questionamento que só pode surgir todas as noites para alguém absolutamente consciente de que seu legado está sendo construído no momento presente. Ao mesmo tempo, trata-se também de uma reflexão de alguém que, mesmo em poucos anos, já tem muito a mostrar ao mundo.

Embora ainda seja muito jovem, Malala foi, infelizmente, atravessada por diversos acontecimentos que, inclusive, a obrigaram a amadurecer e travar batalhas, que, talvez, meninas da idade dela sequer pensavam ser possível.

Ao recapitular sua história, vimos que ela desafiou os preconceitos e as injustiças desde muito cedo. Malala cresceu em uma região marcada pelo domínio do Talibã e as diversas implicações que vivenciou, principalmente, por ser mulher.

Contudo, teve a sorte de nascer em uma família que fugia às regras da tradição religiosa e foi estimulada a adotar uma postura corajosa e de resistência, mas que quase lhe custou a vida. Isso, contudo, foi a "travessia do Rubicão" da vida de Malala, o ponto cujo o retorno se torna impossível.

Após o atentado que sofreu, ela renasceu como uma voz ainda mais forte e destemida em defesa da educação, dos direitos das mulheres e da justiça social.

Sua jornada, que foi marcada por momentos de terror, inspirou milhões em todo o mundo e a fez merecedora de reconhecimentos como o Prêmio Nobel da Paz, ainda aos dezessete anos, o que a tornou a pessoa mais nova a receber essa honraria, assim como a primeira pessoa vinda do Paquistão. Tudo isso sendo uma mulher muçulmana em um mundo profundamente machista e com forte preconceito ao islamismo.

Além do Nobel da Paz, Malala já recebeu um prêmio Sakharov (concedido para pessoas ou organizações que dedicaram a vida em defesa dos direitos humanos); um prêmio das Nações Unidas de Direitos Humanos; prêmio

Madre Teresa (concedido para pessoas ou organizações que lutam pela paz, equidade e justiça social); prêmio Asia Game Changer Award (reconhecimento para pessoas ou organizações engajadas à comunidade asiática); prêmio Simone de Beauvoir (reconhecimento concedidos para aqueles que lutam pela liberdade das mulheres no mundo) e muitos outros prêmios desde que sua voz ganhou força para o mundo todo ouvir

Malala também já foi capa da revista *Times*, sendo considerada pela publicação como uma das cem pessoas mais influentes do mundo; entrou na lista das cem mulheres de 2021 da BBC; discursou na sede das Nações Unidas; foi laureada com o título de doutora honorária pela Universidade de Pádua, na Itália e pela Universidade de Ottawa, no Canadá, onde também recebeu cidadania canadense honorária.

Entretanto, o verdadeiro legado de Malala transcende os prêmios e as honrarias que recebeu antes da maioridade. Sua coragem e determinação, que servem para pintá-la como um exemplo vivo de resiliência e perseverança diante das adversidades, também a dotaram de imensa sensibilidade, resultando em uma ativista incansável cada vez mais capaz, que aprendeu a usar a narrativa midiática a seu respeito para encabeçar movimentos e desenvolver pautas relevantes.

Como uma vez disse: "Uma criança, um professor, um livro e uma caneta podem mudar o mundo". Essa simples, mas espirituosa afirmação encapsula não apenas sua crença na transformação através da educação, mas também sua própria jornada e seu impacto, ainda em processo, no mundo.

Atualmente, Malala segue engajada em diversas iniciativas e organizações. Por exemplo, ela cofundou o Fundo Malala, uma organização que se dedica a garantir que meninas de sete a doze anos recebam educação gratuita e segura de qualidade. Inicialmente, o fundo era dedicado apenas para garotas paquistanesas, mas, após algum tempo, foi estendido para outros países, inclusive o Brasil. Essa organização trabalha em parceria com governos, entidades da sociedade civil e líderes locais para promover mudanças políticas e práticas.

Como defensora dos direitos dos refugiados, Malala tem se concentrado em garantir que as crianças deslocadas devido a conflitos e crises tenham acesso à educação e a outros direitos fundamentais.

Ela visitou ainda campos de refugiados em diversas partes do mundo, destacando as necessidades urgentes dessas comunidades e arrecadando investimentos. Além disso, Malala continua a ser uma voz proeminente e ativa em fóruns internacionais, incluindo as Nações Unidas, onde tem defendido questões relacionadas à educação, aos direitos das mulheres e à paz global.

Malala usa sua plataforma para conscientizar sobre as necessidades de mulheres e pessoas em situação de pobreza e para pressionar por ações concretas por parte dos líderes mundiais.

O Talibã segue tendo força no Oriente Médio. Em 2021, os Estados Unidos retiraram suas tropas da região, abrindo caminho para que o Talibã retomasse Cabul e impusesse seu governo no Afeganistão. Com isso, o grupo extremista proibiu que meninas retornassem para a escola. Malala, por meio de uma carta aberta, pediu aos líderes que revogassem a decisão e que deixassem que as meninas estudassem.

Para os líderes da nação, Malala disse que "a religião não justifica impedir que meninas frequentem a escola". Além de Malala, outras ativistas afegãs pelos direitos das mulheres juntaram suas vozes para pedir aos líderes mundiais do G20 que fornecessem fundos para um plano educacional para as crianças do Afeganistão.

Ziauddin Yousafzai continua sendo o maior apoiador de Malala, dando entrevistas onde se diz orgulhoso de ser conhecido principalmente como o pai de sua filha. Ele continua na luta junto da filha para garantir o direito à educação das garotas no Paquistão e é um dos fundadores do Fundo Malala. Inspirada pela filha, Toor Yousafzai buscou uma educação formal, aprendendo a ler e escrever. Ela também estuda a língua inglesa desde 2014.

Apesar das incertezas quanto ao futuro, é possível concluir que Malala já deixou uma marca no mundo e, à medida que ela continua sua excepcional missão de democratizar a educação e lutar pelo direito das mulheres, ainda fará muita diferença para as futuras gerações.

Assim como ela uma vez disse: "Quando o mundo está em silêncio, até uma única voz se torna poderosa.". Que Malala para sempre seja ouvida, pois, ao final de tudo, seu maior legado continua sendo a sua própria voz.

Bibliografia

KHAN, L. A. Artigo 2A. **The Objectives Resolution**. 29 mar. 2016.

MCCOLM, R. B. (ED.). **Freedom in the World: The Annual Survey of Political Rights & Civil Liberties 1992-1993**. [s.l.] Freedom House, [s.d.].

PAI, N. The 1971 East Pakistan Genocide - A Realist Perspective. 1971.

PATTABHI SITA RAMAIAH. **The History Of The Indian National Congress(1885-1935)**. [s.l: s.n.].

Six-point Programme — Banglapedia. Disponível em: http://en.banglapedia.org/index.php?title=Six-point_Programme. Acesso em: 17 abr. 2024.

TALBOT, I. **The partition of India**. [s.l.] Cambridge ; New York : Cambridge University Press, 2009.

TALBOT, I. **Pakistan: A New History**. Estados Unidos: Oxford University Press, 2015.

YOUSAFZAI, M.; LAMB, C. **I Am Malala: The Girl Who Stood Up for Education and Was Shot by the Taliban**. Illustrated edição ed. [s.l.] Little Brown and Company, 2013.

Artigos e Websites:

BBC NEWS | India Pakistan | Timeline. Disponível em: http://news.bbc.co.uk/hi/english/static/in_depth/south_asia/2002/india_pakistan/timeline/1971.stm. Acesso em: 11 nov. 2024.

DANICA. **A trajetória das mulheres que enfrentam o fundamentalismo religioso no Paquistão**. Disponível em: https://capiremov.org/entrevista/a-trajetoria-das-mulheres-que-enfrentam-o-fundamentalismo-religioso-no-paquistao/. Acesso em: 11 nov. 2024.

HOLSBACK, I. **Em Brasília, Malala defende educação mais inclusiva**. Disponível em: https://agenciabrasil.ebc.com.br/educacao/noticia/2023-05/em-brasilia-malala-defende-educacao-mais-inclusiva. Acesso em: 11 nov. 2024.

Paquistão. Disponível em: https://rsf.org/pt-br/pais/paquist%C3%A3o. Acesso em: 11 nov. 2024.

INPAPERMAGAZINE, F. **1970 polls: When election results created a storm**. Disponível em: https://www.dawn.com/2012/01/08/1970-polls-when-election-results--created-a-storm/. Acesso em: 11 nov. 2024.

Islamabad bids to quell rise in Pakistani Taliban attacks. Disponível em: https://www.france24.com/en/live-news/20211115-islamabad-bids-to-quell-rise-in-pakistani-taliban-attacks. Acesso em: 11 nov. 2024.

KANTOR, J. Mother of Malala Yousafzai Learns to Read and Write. **The New York Times**, 20 ago. 2014. Disponível em: https://www.nytimes.com/2014/08/21/world/asia/mother-of-malala-yousafzai-learns-to-read-and-write.html. Acesso em: 11 nov. 2024.

Malala Fund. The activist fighting for equal education for Brazil's Indigenous girls. Youtube, 12 de ago. de 2019. Disponível em: https://www.youtube.com/watch?-v=vXC6v9DnvaE8t=

Nobel da Paz, Malala pede a talibãs retorno de meninas à escola. Disponível em: https://noticias.uol.com.br/ultimas-noticias/afp/2021/10/18/malala-pede-a-talibas-retorno-de-meninas-a-escola.html. Acesso em: 11 nov. 2024.

PODUR, J. **O mito de que a liberdade da Índia foi conquistada pela não-violência impede o progresso — Revista Opera**. **Opera Mundi**, 17 abr. 2024. Disponível em: https://revistaopera.operamundi.uol.com.br/2024/04/17/o-mito-de-que-a-liberdade-da-india-foi-conquistada-pela-nao-violencia-impede-o-progresso/. Acesso em: 11 nov. 2024

U.S. to Speed F16s as Pakistan Approves Aid — The Washington Post. Disponível em: https://www.washingtonpost.com/archive/politics/1981/09/16/us-to-speed-f16s-as-pakistan-approves-aid/9f0b76ad-2a8b-4394-964f-15784a1e452f/. Acesso em: 11 nov. 2024.

WALSH, D. **Taliban Gun Down Girl Who Spoke Up for Rights**. Disponível em: https://www.nytimes.com/2012/10/10/world/asia/teen-school-activist-malala-yousafzai-survives-hit-by-pakistani-taliban.html#. Acesso em: 11 nov. 2024.

Primeira edição (fevereiro/2025)
Papel de miolo Luxcream 80g
Tipografia Colaborate, Cheddar Gothic Sans e Visby
Gráfica Melting